AF482998

RÉPONSE

A UN LIBELLE DIFFAMATOIRE

commençant par ces mots : *Au citoyen Premier Conful. Les souffignés Habitans de la Commune du Merlerault, Chef-lieu de Canton, Arrondiffement d'Argentan, Département de l'Orne.*

Par un ami de la Religion
& du Gouvernement.

ON me donna lecture, il y a plus de deux mois, d'un Imprimé rempli d'affertions fauffes & d'inculpations calomnieufes contre M. CHEVIGNÉ, Evêque de Séez, & contre le citoyen JUMEL, ancien Curé du Merlerault. Je ne doutai pas que ce dernier, qui y eft accufé d'un vol confidérable, ne s'empreffât d'y répondre. A ma grande furprife, j'apprends qu'il a gardé & garde encore le filence. Il s'eft même retiré au fein de fa famille, laiffant un champ libre à fes ennemis, ou plutôt à fon ennemi ; car il eft notoire qu'il n'en a véritablement qu'un dans la commune. Il eût cru peut-être fe déshonorer s'il fût entré en lice avec un homme depuis long-temps avili dans l'opinion publique.

Je refpecte fon filence, & je ne prétends point condamner les motifs d'honneur ou de religion qui lui ont fait abandonner au mépris qu'elle mérite, une production dont le ftyle, autant que le fonds même,

B

(2)

décelent, à chaque mot, la lâche méchanceté d'un Jacobin fans délicateffe & fans éducation (*).

Mais j'envifage la chofe fous un autre point de vue, & crois que c'eft rendre un fervîce important à la Société, de confondre l'impofture & de verger l'innocence. Ce feul motif m'anime. Oui, c'eft pour l'intérêt de la commune du Merleraut, de l'Arron-diffement, & du Département même, que j'entre-

<hr>

(*) Plufieurs affurent que le citoyen Hebert, Maire & Notaire du Merlerault, plus habile à inventer des impoftures, que dans l'art de les bien écrire, avoit feulement fourni les matériaux, & qu'ils avoient été mis en œuvre par un citoyen nommé JOLI, efpece d'aventurier, tombé comme des nues, au Merlerault. La chofe n'eft pas croyable, en fuppofant, comme plufieurs perfonnes l'affurent, que ce dernier ait de l'efprit & même des connoiffances. S'il fe trouvoit cependant avoir été le rédacteur du libelle, je me rangerois du nombre de ceux qui ne donnent au citoyen Joli d'autre mérite que celui d'avoir beau-coup lu dans l'antichambre d'un grand Seigneur en Ruffie, dont il étoit, dit-on, valet-de-chambre, & fon fils, palefrenier. Au refte, je ne le connois point perfonnellement ; j'ignorerois même jufqu'à fon nom, s'il n'avoit pris foin de le répandre au loin, en fe chargeant, dans une double ambaffade, de porter au Premier Conful, & au Miniftre des Cultes, les dénonciations des Prêtres conftitution-nels contre leur legitime Evêque.

prends de faire connoître la fauſſeté des faits conte-
nus dans le libelle , & la ſcélerateſſe de l'impoſteur
qui les a controuvés.

L I B E L L E.

Au Citoyen PREMIER CONSUL. *Les Habitans de
la Commune du Merlerault , &c.*

R É P O N S E.

Que le Lecteur ne ſoit pas dupe de ce début impo-
ſant : qu'il liſe juſqu'à la fin ; il n'y trouvera aucunes
ſignatures. Non, ce tiſſu de menſonges & de calomnies n'eſt point l'ouvrage des Habitans du Merlerault ; il y eſt à peine connu, l'Auteur n'en ayant
fait parvenir des exemplaires que dans des communes
éloignées ; & à des Correſpondans Jacobins. Il crai-
gnoit de révolter juſqu'à ſes partiſans , & d'être
démenti par autant de perſonnes qu'il y a d'habitans
au Merlerault. C'eſt en vain qu'il a cherché à ſe
cacher ſous le voile de l'anonyme. Qui, en effet,
connoît le citoyen Hebert, ſes principes, ſa conduite
à l'égard de l'ancien Curé , le rôle dont le citoyen
FESSIER , ſon parent, l'a chargé auprès des Conſti-
tutionnels : qui le connoît, & ne diſe auſſi-tôt, en
liſant le Libelle : Hebert ſeul en eſt l'auteur ?

L I B E L L E.

*Citoyen Premier Conſul , graces au Paſteur qui nous
eſt reſté . . . . . la paix n'a pas été troublée chez nous.*

*Et ailleurs : Nous vous ſupplions de faire nommer
au Merlerault le citoyen Lecouturier , notre Paſteur
depuis douze ans.*

RÉPONSE.

Grâces au Pasteur qui nous est resté. C'est de l'Abbé Lecouturier que le citoyen Hebert parle. Cet Ecclésiastique exerçoit les fonctions du ministere au Merlerault avant la révolution. Il refusa le serment avec M. le Curé & ses trois autres Vicaires, alla ensuite le préter à Bayeux, diocese de sa naissance, y obtint un bénéfice-cure, en fut chassé quatre ou cinq ans après, reparut au Merlerault en qualité d'Instituteur, y ouvrit depuis, ferma & rouvrit l'Eglise, où il exerce encore sans aucune espece de pouvoirs. Je laisse au Lecteur à juger, s'il mérite ou non le titre vénérable de *Pasteur*, & de *Pasteur du Merlerault pendant douze ans*

LIBELLE.

Non, jamais un Prêtre, ou l'Abbé Jumel, ou tout autre qui se glorifiera de sa conduite réfractaire, ne pourront nous estimer ; . . . . . s'il fut un Prêtre insoumis.

Et ailleurs : *Ce Prêtre à opinions demi-ultramontaines, qui fuit chez les ennemis de la France, en haine de son Gouvernement.*

RÉPONSE.

Aux mots de *réfractaire* & d'*insoumis*, qui ne se rappelle avec effroi Robespierre & ses Bourreaux, lorsqu'ils remplissoient les cachots de Prêtres, faisoient couler leur sang sur les échafauds, ou les envoyoient périr de faim & de misere sur les sables brûlans de l'Amérique Méridionale ? Vous vous

trompez , citoyen Hebert , fi vous croyez , en imi-
tant leur langage , faire renaître parmi nous le
même fyftême d'injuftice & de perfécution. Songez
donc que les temps font paffés , où les mots fuffi-
foient pour faire couler le fang , & mettre les pro-
fcriptions à l'ordre du jour. (*b*)

Et en quoi le citoyen Jumel eft-il *réfractaire &
infoumis* aux Loix? L'Affemblée Conftituante pro-
pofa aux Prêtres chargés du foin des ames , de prêter
le ferment à la Conftitution , ou de renoncer à leurs
places. Il fe foumit aux Loix en le refufant , auffi
bien que ceux qui le prêterent ; la Loi laiffant l'alter-
native , & promettant même une penfion aux Prêtres
infermentés. Un nouveau Décret leur enjoignit , un
an après , de quitter le Royaume ; le citoyen Jumel
fe déporta en Angleterre , qui étoit alors en paix
avec la France, Un Gouvernement plus jufte & plus
humain vient de les rappeller de leur exil. Cédant à
la voix de la Patrie , & aux vœux d'un Troupeau
dont la prefque totalité defiroit alors fon retour , le
citoyen Jumel quitte l'Angleterre , où la confidéra-

(*b*) M. l'Abbé Bouillie , qui deffert actuellement la
paroiffe de Brulemail , fut condamné à être déporté à
la Guianne , & il y feroit probablement péri , ainfi
que tant d'autres malheureufes victimes , fi le vaiffeau
qui l'y portoit n'eût été pris par une Fregate An-
glaife. Il a affuré qu'il avoit été arrêté fur la dé-
nonciation du citoyen Hebert , ami & condifciple de
fon frere.

tion & la fortune dont il jouissoit, auroient fixé une ame moins attachée à ses devoirs que la sienne. En rentrant en France, il a fait la promesse de fidélité exigée par le Gouvernement, & approuvée par le Saint Siege. En quoi donc, je le répete, est-il *réfractaire & insoumis* ? Sa conduite n'est-elle pas irréprochable aux yeux des Lois Divines & Humaines ? C'est celle d'un homme qui fait rendre à César ce qui appartient à César, & à Dieu ce qui appartient à Dieu.

Ce Prêtre à opinions demi-ultramontaines. Peu versé dans des questions de Théologie, j'avoue que je n'entends point ce que le citoyen Hebert veut dire par des *opinions demi-ultramontaines.* Il l'ignore très-probablement lui-même. Il est à présumer qu'il les aura copiées dans les lettres de son cousin FESSIER, ou dans les dénonciations des Constitutionnels, dont il a été l'officieux colporteur.

Je me proposois de répondre à un assez long article du libelle, principalement dirigé contre M. Chevigné de Boischolets, Evêque de *Séez.* C'est un des plus remarquables pour la platitude du style & la grossiéreté des expressions. Pour ne rien dire que de conforme à la vérité des faits, que le citoyen Hebert dénature & ridiculise, je me suis adressé à un des Ecclésiastiques que M. de Séez honore de sa confiance ; il a exigé de moi que je gardasse le silence sur les calomnies qui concernent ce vertueux Prélat, qui a déclaré, avant son départ, ne vouloir opposer à ses ennemis, que la douceur, la patience & la priere.

Je passe aussi sous silence les lieux communs & les

déclamations puériles & rebattues du Jacobinifme, dont le citoyen Hebert s'eft rendu l'écho fervile & ridicule. Il ne me refte plus à répondre qu'à une calomnie où on ne peut lui refufer tout le mérite de l'invention. Voici fes paroles:

LIBELLE.

Nous avons auffi des reproches à faire à l'Abbé Jumel, d'avoir, pour fortir de France, emporté 1474 liv. écus qui lui avoient été données pour réparer le presbytere.

RÉPONSE.

De toutes les inculpations du citoyen Hebert, voilà fans doute la plus grave, mais auffi la plus évidemment fauffe. Je fuis même furpris que fa plume, tout aguerrie qu'elle eft à la calomnie, ait ofé en tracer une fi facile à démentir.

En 1791, la municipalité du Merlerault intenta action au citoyen Jumel, au fujet des réparations du presbytere, où il venoit d'être remplacé conftitutionnellement par le citoyen Rombaud de la Noë, Curé de Montmarcé, fon voifin, &, je crois, fon ami. D'après toutes les pieces que je me fuis procurées, & que j'ai fous les yeux, il appert qu'on avoit promis au citoyen Jumel la fomme de 1646 liv. 9 f. pour faire faire les réparations du presbytere & des bâtimens y attenans; qu'on lui avoit compté celle de 1256 liv.; qu'il étoit refté 218 liv. 3 f. entre les mains du Juge de Paix, en forme de dépôt; & que la municipalité avoit retenu par les fiennes 172 liv., fomme qu'elle devoit ajouter aux précédentes, payées par les héritiers de MM. Ryam & Goupry, pour compléter celle de 1646 liv. 3 f. *Extrait des regiſtres de la Municipalité du Merlerault , ſignifié le 5 Août au citoyen Amand Jumel , porteur de pouvoirs de ſon frere , Curé de ladite Paroiſſe.*

Il appert de plus, que l'Adminiſtration départe-mentale de l'Orne , devant laquelle la municipalité du Merlerault avoit pourſuivi ſon ancien Curé , non pour la répétition de la ſomme de 1474 liv. , comme le porte le libelle , mais de celle qu'il n'avoit point employée en réparations ſur les 1256 livres , qu'il avoit touchées ; il appert , dis-je , que l'Adminiſtration départementale renvoya les parties devant le Tribunal judiciaire de l' Aigle , & qu'enfin ce Tribunal , en Avril 1792 , débouta la municipalité du Merlerault de toutes ſes pourſuites , & acquitta le citoyen Jumel , qui avoit fait des réparations , laiſſé des matériaux pource qui pouvoit encore tomber à ſa charge , & à qui elle avoit fait perdre , par un arrêt illégal entre les mains du Receveur du Diſtrict de l'Aigle , une ſomme conſidérable qui lui étoit due , & qui , à cauſe des changemens ſurvenus dans le Gouvernement , n'a pu être payée depuis.

D'après des faits auſſi authentiques & auſſi publics, que penſer donc du prétendu certificat qui ſuit le libelle , & qui eſt conçu en ces termes : *Le Maire du bourg du Merlerault , & les Membres du Conſeil Municipal atteſtent , que les allégations conſignées dans la pétition ci-contre ſont exactes , & que M. Jumel, ex-curé , a reçu la ſomme de 1474 liv. , & que les quittances en font dépofées à la Municipalité ?*

Vous feul , citoyen Hebert , avez fabriqué ce cer-tificat ; & , fans l'artificieufe précaution que vous avez prife de fupprimer votre nom & celui de l'Im-primeur , je ne doute pas que les Membres du Confeil municipal ne vous euffent pourfuivi pour les avoir calomnieufement affociés dans un faux qui doit couvrir d'infamie fon auteur.

On affure cependant que la pétition manufcrite que M. *JOLY* , ambaffadeur ordinaire du citoyen Hebert , a dû préfenter au Premier Conful , étoit conforme au libelle imprimé , & qu'elle étoit fouf-crite d'un certain nombre de perfonnes. La chofe eft facile à expliquer. L'on fait que plufieurs l'ont fignée de confiance , & fans la lire. Il a pu en don-ner lecture aux autres , mais en fupprimant les im-poftures & les calomnies ; & ils ont cru ne donner leur fignature qu'à ce qu'ils venoient d'entendre lire.

J'avoue que leur aveugle & téméraire confiance feroit bien plus excufable , s'ils euffent moins connu le fourbe qui les trompoit. Mais il eft à préfumer que ce libelle diffamatoire , dont il les a rendus com-plices comme à leur infu , les tiendra en garde à l'avenir contre les pieges qu'il pourroit tendre à leur trop facile crédulité.

Si je n'écrivois que pour les habitans du Merle-rault & des communes adjoignantes , je terminerois ici ma réponfe , parce qu'elle eft appuyée fur des faits qu'ils connoiffent , ou qu'ils font à portée de vérifier. Mais je veux qu'elle foit un bienfait pour tout le département , & qu'on y ait par-tout les moyens d'apprécier un homme qui , trop connu dans fon voifinage , ira probablement chercher au loin de nouveaux dupes. Je vais donc nommer , parmi mille, un certain nombre de perfonnes trompées , fubti-lifées , tranchons le mot, il n'eſt pas trop fort , que la voix public l'accufe d'avoir volées.

A M. de Quigny de Fay , 600 liv.

A M. Legenvre , Notaire à l'Aigle , qui lui avoit fauvé la vie au péril de la fienne , 1500 liv.

A Ifidore Delaunay de Séez , 4000 liv. que ce dernier lui avoit prêtées pour le tirer d'une affaire capitale où fes brigandages l'avoient entraîné , & qu'Hebert eut la criminelle ingratitude de lui rem-bourfer en papier qui n'avoit prefque plus qu'une valeur nominale.

A M. Selles demeurant actuellement à Saint-Evroult , 3000 liv. prifes dans les tiroirs de fon bureau à Paris , par un abus de confiance que les Lois puniffent de mort.

A M. l'Abbé de Gruel d'Argentan , 5000 liv.

Et qu'on ne croie pas que la rapacité du citoyen Hebert ne s'exerce que fur les grands objets ; elle ne dédaigne pas les plus petits.

Le citoyen Oubert fut accufé devant le Juge de Paix du Merlerault , d'avoir volé des rames au ci-toyen Couturier des Foffés. L'accufé fe défendit en déclarant qu'il ne l'avoit fait que par l'ordre de Hebert , dans le jardin duquel il les avoit dépofées. Celui-ci fe hâta d'affoupir l'affaire.

Commiffaire du Pouvoir exécutif , il avoit exigé

un tonneau de cidre de la veuve Pignel, fermiere de Madame de la Genevraye , pour exempter fon fils de la réquifition. Elle fut obligée de le traduire devant le Juge de Paix pour lui faire rendre le fût , croyant avoir fatisfait fa cupidité , en lui abandonnant la liqueur.

Son efprit fécond en fpéculations lucratives , lui fuggéra un nouvel expédient pour preffurer les réquifitionnaires , dont la pauvreté ne pouvoit atteindre le tarif de fa protection vénale. *Faites une bourfe , leur dit-il , mettez chacun 5 liv. , & je me charge d'aller a Paris folliciter votre exemption.* Ils le firent ; M. le Commiffaire prit leur argent , alla à Paris , où fes affaires & fes plaifirs l'appelloient , & revint fans les avoir fervis.

Je fais que , dans une reddition de compte , il a trompé d'une fomme confidérable le cit. Bonjour , qui tient l'auberge du Compas a Paris : mais j'en ai oublié le montant.

Je pourrois citer d'autres traits , & d'autres victimes de la cupidité du citoyen Hebert ; répéter ce que le citoyen Sengond , & riche propriétaire du Merlerault , raconte à qui veut l'entendre , des exploits de ce trop fameux chevalier d'induftrie.

Je pourrois auffi invoquer le témoignage de toutes les perfonnes marquantes du voifinage. Les unes , qu'il a trompées , lui ont fermé leur porte ; les autres , qu'il trompera bientôt , fi elles ne fe donnent de garde , ne le reçoivent que par politique & par crainte.

Interrogez , pourrois-je encore ajouter , ceux

même dont , à force de menfonges , d'intrigues &
de follicitations , il eft venu à bout d'arracher les
fignatures ; il en eft peu qu'il n'ait jadis trompés ou
trahis. Demandez-leur s'ils lui confieroient , fans les
plus grandes précautions , leur bourfe , leur fille ,
leur femme. J'ofe affurer qu'il n'en eft pas un feul
qui le fît.

Mais ce que j'ai dit fuffit , je crois , pour faire
connoître ce véritable fléau du canton , & donner
ainfi à chacun les moyens de s'en garantir.

Il fuffiroit à un homme tant foit peu phyfiono-
mifte , de le confidérer , pour fe mettre fur fes gardes.
Il femble que la Providence ait imprimé fur fon
front , comme fur celui de Caïn , un figne de répro-
bation. Y voit-on jamais luire cette douce férénité ,
cette noble affurance qui caractérife l'honnête homme ! La baffeffe & la méchanceté de fon ame femblent
écrites dans fes yeux & dans fon maintien mal affu-
rés. Jamais il ne regarde un homme en face , & fon
fouris eft celui de la trahifon.

On s'étonne avec raifon qu'un homme de cette
trempe ait pu trouver des partifans dans une commune. Hélas! la révolution n'en a fourni que trop
d'exemples ; & l'efprit révolutionnaire n'eft pas
éteint par-tout. Un fcélérat habile , à qui tous les
moyens font bons , vient à bout de fe faire un petit
nombre d'affociés hardis. Les honnêtes gens , quoique de beaucoup les plus nombreux , gémiffent en
fecret , tremblent , & laiffent faire le mal.

Mais ce qui redouble la furprife , c'eft de voir des
Prêtres prendre le citoyen Hebert pour chef & pour

conseil dans la guerre qu'ils ont déclarée à l'Evêque
que le Gouvernement leur avoit donné, & à qui ils
venoient de promettre soumission. J'ai rougi plu-
sieurs fois, en voyant partir l'Abbé Anquetin pour
aller s'enrôler sous les étendarts de cet homme im-
moral. A-t-il donc oublié, qu'au commencement de
la révolution, d'une main barbare & sacrilege,
Hebert arracha la croix pectorale à M. d'Argentré,
à ce vénérable Prélat dont les vertus, le caractere,
l'âge, l'air d'aménité & de bonté auroient commandé
le respect au sauvage le plus féroce. Le cit. Anquetin
sait, & qui l'ignore à Séez, qu'il s'est montré des plus
ardens à briser les images, à dévaster son Eglise,
dont il faisoit retentir les voûtes de ses imprécations
blasphématoires, & à introduire sur les ruines du
culte de ses peres, les fêtes impies & extravagantes
du paganisme. Il sait enfin qu'Hebert fait profession
publique de l'athéisme le plus effronté. Il le sait, &
il ne rougit pas d'aller comploter avec lui une insur-
rection ecclésiastique ! ! ! Se peut-il qu'un Prêtre
ait abandonné jusques-là tout sentiment de religion
& de pudeur ! O temps ! ô mœurs !

Que son exemple ne vous en impose pas, paisi-
bles Habitans du Merlerault : fermez pour toujours
les oreilles aux conseils pernicieux du scélérat qui
vous a tant de fois trompés, & que personne de
vous n'estime. Consultez les villes & les bourgs
voisins : tout le monde vous dira que le trouble & la
division qu'il entretient parmi vous, vous déshono-
rent dans l'opinion publique, & finiroient par vous
rendre suspects au Gouvernement, qui vous puniroit

de vous être laiſſé conduire par les Jacobins, ſes ennemis. Heureuſement les Autorités Conſtituées ont les yeux ouverts ſur l'agent le plus actif & le plus dangereux qu'ils aient parmi vous. Ses correſpondances avec les communes en révolte, ſes letrres circulaires, ſes procès-verbaux menſongers. ſes courſes, ſes aſſemblées nocturnes, ſes voyages à Paris, l'argent qu'il a reçu pour les faire, ſes déclamations contre le Gouvernement actuel ; tout eſt connu; & il eſt à préſumer que la paix & la bonne intelligence renaîtront bientôt au Merlerault, jadis connu par la douceur & l'union de ſes Habitans.

P. S. J'avois ſuſpendu l'impreſſion de ma Réponſe au Libelle du citoyen Hebert ; j'étois même réſolu de ne pas la mettre au jour, voyant que le profond mépris où il étoit tombé, & l'indignation générale que ſa conduite avoit cauſée, faiſoient ſuffiſamment l'apologie des perſonnes reſpectables qu'il avoit voulu dénigrer. Mais un nouveau trait de ſa ſcélérateſſe m'en arrache la publication. A force d'intrigues ſourdes & de calomnies, il a obtenu un mandat de dépôt contre Joſeph Clément, ſon concitoyen & ſon ancien ami, honnête marchand, pere de famille, eſtimable & eſtimé de tous ceux qui le connoiſſent. Eh quel eſt ſon crime? Le citoyen Boiſart atteſte avoir envoyé au bureau de la diſtribution des lettres, tenu par le citoyen Clement, une lettre adreſſée au citoyen Hebert, lettre qu'il croyoit être du Miniſtre

des Cultes. Le citoyen Hebert prétend qu'elle ne lui
a point été remife, & en prend prétexte pour pour-
fuivre le citoyen Clément au Tribunal Criminel
d'Argentan. Si fon cœur n'eût pas été tout paîtri
de fiel & de méchanceté ; s'il y fût refté quelques
fibres d'humanité & de délicateffe , il eût écrit au
citoyen Portalis , & en eût reçu , fur le champ , par
duplicata, la lettre qu'il fe plaint d'avoir perdue. Mais
il lui faut des occafions de nuire. C'eût été une fi
grande fatisfaction pour lui de faire mettre le citoyen
Clement dans les fers ! il jouiffoit déja de la douleur
de fa femme , de fa mere , & de fa fœur éplorées , &
des allarmes de fes freres , auffi connus par leur pro-
bité , que par l'attachement qu'ils ont les uns pour
les autres. Quelle jouiffance pour fon cœur , s'il eût
pu confommer fa ruine , en le dénonçant à l'Admi-
niftration générale des Poftes , & en faifant faire la
vifite domiciliairede fa maifon. Mais à Paris , comme
à Argentan , l'innocence du citoyen Clément a été
reconnue , & les calomnies & la méchanceté de fon
lâche ennemi mifes au grand jour. Si l'on s'étonne
de voir le citoyen Hebert fuivre fans réferve , comme
fans remords , tous les moyens que lui fuggérerent fa
vengeance , fa paffion , ou fa cupidité , qu'on fe fou-
vienne qu'il fait profeffion publique d'athéifme , &
que Voltaire lui-même affure qu'il n'y a point de
crime dont un athée ne foit capable. Voici fes paroles. » L'Athée fourbe , ingrat , calomniateur , bri-
» gand , fanguinaire , raifonne & agit conféquem-
» ment , s'il eft fûr de l'impunité de la part des
» hommes : car s'il n'y a point de Dieu , ce monftre

» eſt ſon dieu à lui-même. Il s'immole tout ce qu'il
» deſire ou tout ce qui lui fait obſtacle. Les prieres
» les plus tendres , les meilleurs raiſonnemens ne
» peuvent pas plus ſur lui que ſur un loup affamé de
la rage. «

***

Nota. Comme le citoyen *JOLY* joue un rôle très-
actif, quoique moins apparent , dans toutes les tra-
mes qu'ourdit le citoyen Hebert contre les honnêtes
gens , j'ai voulu me procurer des renſeignemens ſur
ſon compte. C'eſt une eſpece de Prothée dont la mine
doucereuſe & hypocrite avoit d'abord prévenu en ſa
faveur les perſonnes les plus marquantes du canton ,
qui lui donnoient accès dans leurs maiſons. Il eſt
maintenant l'objet d'une juſte méfiance. On eſt per-
ſuadé qu'il appartient à l'arriere-loge des Francs-
maçons , connus ſous le nom d'*Illuminés* ou de
Jacobins , & qu'il en eſt l'émiſſaire ou l'eſpion au
Merlerault , où il viſe ſecrétement à une place
lucrative.